APPEL

au Roi

CHARLES X.

PAR UNE VICTIME

du système déplorable.

Affermis par la corruption, ils sont
tombés par le mépris.

PARIS,

IMPRIMERIE D'AUGUSTE BARTHÉLEMY.

1829.

AVERTISSEMENT.

Malgré toutes les précautions que j'avais prises, et qu'il fût possible de prendre pour que mes lettres adressées au roi lui fussent remises, je dois croire que Sa Majesté ne les connaît pas encore, puisqu'elle n'y a pas fait droit! Dès lors, j'ai dû prendre la voie de l'impression pour les lui faire parvenir; elles furent écrites sous les poignards des assassins organisés par le ministère déplorable.

« Hier, samedi, un particulier d'un certain
« âge, décemment vêtu, accompagné de ses
« deux fils, a été assailli dans la rue Sainte-
« Anne par plusieurs individus qui sortaient
« d'un cabaret. Les agresseurs étaient au
« nombre de neuf, et par conséquent trois
« contre un; le père et les deux fils ont été
« très-maltraités. Ils se sont empressés de por-
« ter leur plainte à M. le commissaire de po-
« lice contre ces inconnus. Il est étonnant que
« des scènes pareilles aient lieu en plein midi

« et que les agresseurs ne soient pas arrêtés
« à l'instant. Pourquoi les contribuables paient-
« ils les agens de la police, si ce n'est pour
« faire respecter les personnes, et traduire
« devant les magistrats ceux qui osent porter
« atteinte à la sûreté des citoyens?

(*Constitutionnel* du 16 mai 1825.)

AU ROI CHARLES X.

Sire,

Fénélon a dit qu'un prince était trop heureux quand il se trouvait sous son règne un homme capable de lui dire la vérité. Je suis cet homme, et sans préambule j'entre en matière pour le prouver.

Votre Majesté croit avoir des ministres, tandis qu'elle n'a que des flatteurs qui trahissent sa confiance. Je signale comme tels Villèle, Corbière, Peyronnet et Franchet. Ces quatre hommes m'ont volé et assassiné, moi et mes enfans; ils nous ont assassinés aujourd'hui, en plein midi, et au milieu de votre capitale, après m'avoir extorqué la pension dont le roi votre frère m'avait gratifié pour lui avoir sauvé la vie.

Et ce n'est pas moi seul, Sire, qui accuse vos ministres, c'est la France entière qui les voue à l'exé-cration. Un jour vous-même, un jour vous les maudirez aussi pour avoir ruiné votre empire. Gardez-vous de les croire et de les écouter; leur caractère est la fausseté.

On leur reproche l'abus du pouvoir, les dénis de justice, le despotisme, la tyrannie, l'infraction des lois, le mépris des formes, la violation des principes et de la Charte que Votre Majesté a juré de maintenir et de faire observer. Leur perversité est si grande qu'ils empoisonnent mes plus belles actions, qu'ils se flattent de commander Votre Majesté et de régner à sa place : s'il en est ainsi, que ces affreux tyrans s'abreuvent de mon sang, de ce sang qui a coulé presque en entier pour votre cause.

Nuls pour le bien, ils sont infatigables pour le mal; et rien n'égale le mépris qui les couvre, que la morgue qu'ils conservent dans leur abjection. J'entends qu'on murmure de toutes parts; et si je ne me trompe, le peuple est prêt à se lever pour les exterminer.

Vainement j'ai sollicité une audience de Votre Majesté. Mes bourreaux ont compris que ce n'était pas là leur intérêt; qu'il me serait trop facile de vous éclairer sur leur compte. Sachez donc qu'ils vous trompent, et, n'en doutez pas, sachez qu'au lieu de vous concilier l'amour et le respect de tous les Français, ils provoquent la haine, la vengeance, les divisions, les déchiremens; qu'ils ne craignent pas de miner votre trône et de ruiner vos états. Affranchissez-vous de ces fléaux corrupteurs qui marchent au rebours des lois et de vos volontés; qui épuisent toutes les ressources de votre royaume, et vous préparent des maux sans fin.

Votre Majesté a-t-elle oublié le long entretien que j'eus l'honneur d'avoir avec elle dans le temps? Si une pareille faveur m'avait été accordée aujourd'hui, tout aurait été éclairci; la dernière lettre de M. le duc de la Châtre aurait suffi; vous y auriez lu que, *touché de l'importance de mes services et de la grandeur de mes sacrifices*, Louis XVIII y avait attaché une récompense de trois cent mille francs. Je préférai un domaine situé dans le département de l'Ariége. Je quittai Paris sur la foi de cette promesse, qui, grâce à vos ministres, resta sans effet.

Pourquoi donc me laisser à la disposition de mes ennemis, de ces hommes qui mettent en usage toutes les manœuvres possibles pour vous tromper; qui se gorgent de sommes immenses, tandis qu'ils volent encore le malheureux qui a tout sacrifié pour Votre Majesté?

Je la supplie de daigner elle-même apprécier mes services, que j'ai cru ne devoir exposer que très-succinctement dans l'imprimé ci-joint; je la supplie également de renvoyer ma plainte contre les ministres aux autorités compétentes pour y faire droit. La Charte consacre en principe, que *nul Français ne peut être distrait de ses juges naturels.* J'invoque donc la Charte, et des juges naturels pour mes assassins et pour moi; et si par eux *la justice était exilée de la terre, je la retrouverais dans le cœur du Roi.*

Je suis, etc.

Le baron de SATGÉ.

Paris, 14 mai 1825.

—

AU ROI CHARLES X.

SIRE,

Votre Majesté trouvera ci-joint des pièces de la plus haute importance; elles sont suivies d'une dénonciation formelle contre trois ministres: ceux-ci ne m'ont fait que du mal parce que je ne vous ai fait que du bien. La preuve est dans l'imprimé qui indique mes services, confirmés par les réponses des premiers gentilshommes de Louis XVIII à plusieurs de ces lettres, déposées ensemble chez un notaire de cette ville.

Louis XVIII connaissait aussi bien que moi la brochure du général Dumouriez, et il savait que j'en avais empêché la publication. Cette production, que je ne qualifierai pas, fut mise à ma disposition, sous certaines garanties, par madame la baronne de Beauvert, qui m'invita, par la lettre suivante, à recevoir les révélations et les papiers dont il avait été question dans nos entretiens :

« Je vous avoue, monsieur le baron, que vous
« m'avez électrisée ; je n'ai pas fermé l'œil cette
« nuit. Mes plans, mes projets, etc., disparaissent
« devant le charbon d'Isaïe, que vous maniez avec un
« feu bien plus ardent encore et mon ame s'ouvre à
« l'espérance.

« Venez, puisque vous avez eu l'extrême bonté de
« m'en témoigner le désir. Je suis seule aujourd'hui.
« Vous voudrez bien examiner mes papiers, et en-
« tendre le récit de mes malheurs.

« Agréez, monsieur le baron, l'hommage très-dis-
« tingué de

« La baronne de BEAUVERT,
« Rue de Vaugirard, n° 3. »

Louis XVIII avait lu cette lettre et toutes celles qui la suivaient. Pour ce service et mille autres, il me fit offrir, comme je l'ai dit, par M. le duc de la Châtre, son premier gentilhomme, une somme de trois cent mille francs. Je préférai un domaine situé dans mon pays. Je quittai Paris sur la foi de cette promesse, qui resta sans effet par l'influence des minis-tres sur le conseil d'état, qui décida qu'il ne pouvait être aliéné.

Sur ce, j'ose espérer que Votre Majesté se montrera grande comme l'équité.

Je suis , etc.

Le baron de Satgé.

Paris , 24 mai 1825.

AU ROI CHARLES X.

Sire ,

Je supplie V. M. de fixer son attention sur mes deux précédentes lettres , et de renvoyer les hommes dont il y est parlé : la gloire du trône et de la France l'exige. L'opinion publique se manifeste contre eux d'une manière alarmante ; et *le malheur veut*, dit Bossuet, *que les peuples jugent les rois, non par eux-mêmes, mais par les hommes à qui ils accordent leur confiance.*

La France entière les signale comme les auteurs de ses maux ; elle brûle d'être affranchie du fléau corrupteur qui pèse sur elle , et l'on s'étonne que vous puissiez garder des ministres aussi diffamés ; ils ne gouvernent que par le mensonge, l'oppression et la fraude, moyens vils et bas qui doivent répugner à votre loyauté.

V. M. a besoin d'organes purs , d'interprètes fidèles ; sans cela, tout est perdu ; votre bonté même cesse d'être efficace, puisqu'à côté d'elle se trouve la plaie ministérielle, le venin qui empoisonne tout : les fourbes une fois tombés, la justice impartiale couvrira de son égide tous les Français, parce qu'ils sont les sujets du même roi, ou plutôt les enfans du même père.

V. M. n'ignorera sans doute pas plus long-temps que parmi ses ministres il s'en trouve de bien criminels, qu'il y a unanimité dans le désir de les voir renvoyer, non comblés de faveurs, ils n'en méritent pas, mais avec un signe de réprobation qui console leurs victimes.

Investis de l'animadversion générale, ils ne se soutiennent qu'à l'aide des journaux salariés ; ils n'ont pour défenseurs que de vils mercenaires, qu'ils payent largement aux dépens des contribuables ; ils soulèvent contre eux toutes les opinions, parce que tous les faits les accusent : de quelque côté qu'on porte ses regards, on trouve des témoignages qui les condamnent ; chaque jour révèle de nouveaux attentats, et chaque jour les lois sont foulées aux pieds par un redoublement d'impudence.

Peut-on rien voir de plus infâme que de violer le domicile d'un bon Français pendant son absence, pour s'emparer de ce qu'il possède ? C'est ce qu'on a fait plusieurs fois à mon égard, j'en ai des preuves irréfragables ; les visirs d'Orient pourraient-ils trouver quelque chose de plus bas et de plus avilissant ? J'en demande justice à votre V. M.

Elle reconnaîtra bientôt que mes ennemis sont les siens propres, et qu'il est essentiel de les éloigner de sa présence. C'est alors que le peuple ne sera plus muet devant Votre Majesté, et que Paris, ainsi que la France entière, retentiront de vos louanges ; elles sont dans tous les cœurs, dans tous les sentimens, et vos ministres seuls en étouffent l'éclat.

Je suis, etc.

Le baron de Satgé.

Paris, 10 juin 1825.

AU ROI CHARLES X.

Sire,

La loi fondamentale vous donne le pouvoir de nommer des ministres ; mais elle ne dit pas de les prendre dans l'écume de la nation, dans ce qu'il y a de plus vil et de plus méprisable sur la terre : quelle suite de calamités ne peut-on pas prédire, en voyant que vous avez pour guides ce qu'il y a de plus fourbe et de plus rusé, de plus corrompu et de plus détesté ? Pas un Français qui ne murmure contre eux, pas un qui ne les abhorre et ne les maudisse ; et s'il vous reste des doutes à cet égard, interrogez votre peuple qui les dissipera. Il vous dira que confier le pouvoir à des mains perfides, c'est perdre l'état, c'est perdre votre famille, c'est vous perdre vous-même ; cherchez des Confucius, et vous en trouverez ; et la haute corruption fera place à la haute sagesse.

Si Votre Majesté croit que ses ministres ont de la capacité, elle se trompe ; eux-mêmes se rendent plus de justice ; ils pensent que les moyens intellectuels ne sont rien, que le véritable talent consiste à faire une fortune immense, à voler le peuple assez lâche pour souffrir qu'on l'écorche vivant ; ils font main-basse sur toutes les ressources de l'état, et ils ne quitteront prise qu'après l'avoir entièrement dévalisé ; ils atteignent leur but, la France touche au moment de sa ruine.

Votre Majesté peut-être leur attribue quelque mérite, parce qu'ils proposent quelques lois ; mais il ne suffit pas de faire des lois, il faut encore qu'elles soient justes pour qu'on y obéisse : la nature rougit qu'il se trouve des hommes assez dégradés pour faire un trafic honteux de leurs suffrages , pour les vendre au prix de quelques repas, de quelques mets succulens : *les bons royaux*, mis dans les serviettes, ne servent qu'à faire des traîtres : quiconque se vend , n'est capable que de trahison.

Il y a des hommes qui, par des services réels , des talens sublimes et des vertus rares , se croient dignes d'être ministres, ils se trompent totalement ; pour arriver au ministère il ne faut que de l'intrigue et de la médiocrité, et pour s'y maintenir, il suffit de savoir tout embrouiller, de connaître les voies lâches et tortueuses du mensonge et de la fourberie.

Sire, ouvrez les yeux à la vérité, et faites un bon choix de ministres ; alors, seulement alors, vous serez ce que vous voulez être, la providence de vos sujets.

Je suis, etc.

Le baron de Satgé.

Paris, 5 octobre 1825.

————

AU ROI CHARLES X.

Sire,

« Un roi doit être juste , sincère , bienfaisant et plein » de courage contre lui-même, pour réparer ses fau- » tes ! » C'est la maxime d'un saint ; la mienne est que de tous les sentimens, le plus beau c'est la reconnaissance ; je la cherche dans Votre Majesté , et ne la trouve pas. A qui la faute ? à vos ministres.

Conduit par vous-même, vous suivriez les principes, les règles de l'équité, et la France trouverait en vous un second Louis XII; par l'ascendant de vos ministres, le cœur des Français est comprimé dans les étreintes de l'indignation.

Je vais citer un fait qui est à la connaissance de Votre Majesté, et qui me regarde personnellement. Le 2 février 1820, j'étais dans votre cabinet, et après bien des choses utiles, je vous dis de veiller sur le duc de Berri, je vous le criai même de la porte, et onze jours après il fut égorgé.

Sans les ministres, Votre Majesté m'aurait appelé, m'aurait remercié, m'aurait baigné de ses larmes, c'était là ce que j'attendais d'un père ; quand le favoritisme conseille à un roi d'être ingrat, sa raison doit lui dire d'être juste.

Je suis, etc.

Le baron de Satgé.

Paris, 10 octobre 1825.

AU ROI CHARLES X.

Sire ,

Votre Majesté ignore mon affaire, ou la juge sans m'entendre, et sur le rapport de quatre hommes qui n'en font qu'un, et celui-là est le plus imposteur et le plus fourbe de la terre : ce *polisson*, c'est ainsi que l'appellent ses concitoyens, était si souple avant son élévation, qu'il m'arrêtait dans les rues de Toulouse ; et maintenant qu'il a extorqué votre confiance, il n'y a plus de bornes à son orgueil.

On peut en dire autant de Corbière, de Peyronnet, et de Franchet : ces hommes n'ont qu'un ennemi, c'est le peuple français ; le ferez-vous dépendre plus long-temps de leur perfidie ? Non, vous aurez pitié de ses infortunes.

Dans cette mer d'iniquités qu'on leur reproche, celles qu'ils ont exercées à mon égard ne sont pas les moins odieuses ; ils m'ont volé et assassiné, et pourquoi ? parce que je connais leurs crimes cachés. N'ayant pu me tuer, ils ont voulu m'exiler ! Exilé, je le serai volontiers si vous voulez : Aristide le fut, Fénélon aussi, Cicéron également ; mais remarquez que les divers états tombaient en décadence.

Sur cela je ne ferai qu'une observation : que dirait-on d'un souverain qui appellerait aux premières charges, des hommes qui auraient signé son bannissement, et qui bannirait ceux qui auraient signé de leur sang leur opposition à cet acte ? On ne saurait qualifier un pareil délire.

Je suis, etc..

Le baron de SATGÉ.

Paris, 15 octobre 1825.

AU ROI CHARLES X.

SIRE,

Quel spectacle déplorable et honteux le ministère donne à l'Europe aux dépens de la France ! La nation la plus spirituelle , la plus généreuse , est réduite à attendre son sort du caprice d'un malheureux foulant aux pieds tous les principes d'honneur, de justice, et de bonne foi ; tourmenté d'une ambition qu'aucun danger n'éclaire.

On lui reproche l'affaire Ouvrard, la dépêche à M. le comte de Lagarde , les circulaires électorales , l'achat des journaux , l'exclusion des supériorités , l'ordonnance de censure , le 3 pour cent, l'opération Kesner , le syndicat , le mouvement des caisses publiques , la politique extérieure , l'alliance avec le pacha d'Égypte , le droit d'aînesse , etc., etc.

Cet homme, Sire , se présente à vos yeux sous des dehors trompeurs ; croyez qu'il a l'âme noire et cruelle ; et sans la charte , qu'il viole à tout moment , il serait un tyran aussi sanguinaire qu'il est fourbe. Il suppose que trente millions de Français sont disposés à subir le joug d'un misérable flibustier ; il brave le mépris public , et il ne tient pas à l'honneur. La rapine le console de l'infamie ; elle est si grande qu'il donnait cent mille francs à une dame de ma connaissance pour aller le voir à onze heures du soir ; j'ai dans ma main les lettres autographes qui justifient de ce fait.

Votre Majesté me demanda deux ou trois fois, dans la même audience , ce que je pensais de M. Rollac ; c'est sur Villèle qu'il fallait me consulter.

Je suis, etc. ,

Le baron de SATGÉ.

Paris, ce 21 octobre 1825

AU ROI CHARLES X.

Sire ,

Quel événement attendez-vous pour prêter l'oreille à mes itératives remontrances ? Quelle nécessité faut-il qu'il survienne pour vérifier leur justesse ? Je n'en connais pas de plus pressante qu'une situation d'affaires pleine de honte et d'ignominie. Chassez donc les malheureux qui en sont la cause ; vous ne pouvez rien faire de mieux pour eux et pour vous ! pour eux, parce qu'ils seront oubliés ; et pour vous, parce qu'on ne pourra s'empêcher de vous chérir et de vous aimer.

Quant à la France, elle a toujours le même reproche à leur faire : la corruption, la déception, l'arbitraire, tout ce qu'il y a de plus affreux et de plus odieux.

> Ciel ! verra-t-on toujours par de cruels esprits
> Des princes les plus doux l'oreille environnée ,
> Et du salut public la source empoisonnée !

Racine , Esther.

Je suis , etc.

Le baron de Satgé.

Paris 24 octobre 1825.

AU ROI CHARLES X.

Sire ,

On dit partout que la volonté de Villèle est la loi suprême ; que seul il est le dispensateur des charges et des faveurs ; qu'il suffit de ramper à ses pieds pour s'élever aux plus grandes dignités! cela ne devrait pas être , mais c'est ainsi , entre mille exemples, que le bas , l'inepte , l'imbécile Saint-Blanquat , descendu d'une montagne déserte de l'Ariége , se targue pour tout mérite de l'amitié de cet homme. « Je suis préfet « du Gers, dit-il niaisement, parce que je suis l'ami « de Villèle , parce que son père venait chez moi. » Oh! la belle recommandation! je ne pense pas qu'il en ait d'autre. Ainsi les hauts emplois, qui n'étaient autrefois que la récompense des talens et des services , ne sont aujourd'hui que le butin de la servilité et de la bassesse (1).

Par mille faits à peu près semblables , on a remarqué que le nouveau favori a la toute puissance , et que son règne fait plus de tort que les plus funestes des administrations qui l'ont précédé : celles-là avaient adopté de faux systèmes ; mais ces systèmes, établis sur de frêles bases , devaient tomber ; et après leur chute il n'en restait aucune trace. Il en est bien autrement de la corruption fomentée par le ministère Villèle ; elle est plus profonde et plus irrémédiable : elle s'attaque à la conscience , flatte et caresse toutes les passions, dispose de tous les devoirs, et ne finit qu'avec la ruine de l'état.

La corruption de Villèle est ce qu'il y a de plus criminel et de plus hideux. Ce n'est point une opinion qu'il veut faire dominer, c'est la conscience qu'il achète, c'est

______

(1) Depuis cette lettre , deux journaux se sont occupés de ce pitoyable préfet : celui de *Toulouse* et le *Courrier Français.* Le premier cite la plainte d'une fille de service qui prétend n'avoir pas été payée ; et le second fait dresser les cheveux , en rapportant la manière dont il a sacrifié une centaine d'enfans trouvés.

la vérité qu'il prostitue, c'est la bonne foi qu'il viole, c'est la vertu qu'il opprime. Ainsi les hommes et les choses qui passent sous sa filière sont souillés sans retour.

Il s'appuie sur la vénalité, il ne connaît que l'influence de l'or ; il achète les hommes, il achète les lois, il achète le crime ; il emploie l'argent des caisses publiques, ce fruit des sueurs du peuple, à donner au peuple des exemples de corruption. A la fin le trésor sera épuisé, l'argent sera dissipé, mais la corruption restera. Le malheureux qui aura fait tant de tort à la France tombera ; mais le mal qu'il aura fait sera répandu dans la société, comme une arme pour renverser ce qui restera de votre monarchie.

Je suis , etc.

Le baron de Satgé.

Paris., 20 février 1826.

AU ROI CHARLES X.

Mardi-Saint , 1826.

Sire ,

Dans ce jour où Votre Majesté se prépare à recevoir le bon Dieu, demandez - lui qu'il vous inspire un excellent choix de ministres; quant à ceux que vous avez, Dieu paraît vous les avoir donnés dans sa colère. Vous pleureriez, vous fondriez en larmes si vous saviez tout le mal qu'ils vous ont fait.

L'intention de Votre Majeté est de se faire aimer de ses peuples. Eh bien ! demandez-leur si la conduite de

Villèle et Corbière tend à ce but. Ils répondront par un cri d'indignation, et ils auront raison ; car ils sont durs, égoïstes, trompeurs, pétris d'aigreur et d'amertume. Ils ont trompé tout le monde, et surtout le plus zélé de vos serviteurs.

Interrogez votre cœur, et vous verrez que mes immenses services valent mieux que le voyage du duc de Raguse à Moscou, qui a coûté trois cents mille francs aux contribuables. Que dis-je ! ils valent mieux que les trente-quatre mille francs que Votre Majesté donne tous les ans aux *curés*, en commémoration du 13 février ; car si j'avais été écouté, ce jour n'aurait pas été funeste.

J'ai prévu tout ce qui est arrivé, et je prévois tout ce qui arrivera. Votre Majesté peut-elle être sourde à ma voix ? Peut-elle s'endormir sur le bord de l'abîme ? Non, elle n'est pas de ces rois qui n'ouvrent les yeux qu'au bruit de la chute de leur trône.

Je suis, etc.

Le baron de SATGÉ.

Paris, 25 février 1826.

AU ROI CHARLES X.

SIRE,

Je vois par votre silence que vos ministres vous ont trompé à mon égard, comme ils vous trompent sur tout ce qu'ils vous disent ; ils ont été assez aveugles pour croire que leur intérêt était de me nuire, afin d'amortir les reproches que je puis leur faire, et que

Votre Majesté trouvera ci-joint sous la forme que j'ai crue la plus convenable.

Dans le nombre de mes services, il en est qui sont à la connaissance de V. M., et j'offre de porter les autres jusqu'à la plus parfaite évidence. Louis XVIII les connaissait tous, et vous n'ignorez pas le prix qu'il y avait attaché.

J'étais venu à Paris dans l'espoir d'être admis auprès de mon Roi, et dans la conviction de trouver justice et reconnaissance. Au lieu de cela, je fus assassiné deux mois après, en plein midi et non loin de votre palais! Le commissaire du quartier reçut ma plainte qui resta sans effet.

Il est possible que V. M. ne connaisse mon affaire que par le compte insidieux et faux que lui en a rendu le héros de ma dernière brochure : *Résumé de l'opinion publique*; elle fut écrite pour vous, et vous seul ne l'avez pas lue. Cette lecture vous aurait mis à même de pouvoir rendre justice à tous les Français; j'en connais un qui vous a tout sacrifié, sur lequel vous n'avez jeté qu'un regard, et ce regard fut stérile.

Votre Majesté a dit qu'elle ne vivait que pour ses sujets! Il est facile de les en convaincre. Ordonnez de vendre une couronne de dix-huit millions et demi, pour vous acquitter envers les plus fidèles; et du reste aplanissez les montagnes de chiffons qui sont déposés au Mont-de-Piété! Alors, au lieu d'être couronné de brillans inutiles, de vaines futilités, vous le serez d'amour, de gloire, de bonheur et d'humanité! Mais non, ce serait trop beau, personne ne le pensera, ne le conseillera : rien de grand sous un ministère déplorable.

Si mon observation paraît trop hardie, il faut en accuser le spectacle croissant de la misère publique qui déchire mon ame.

Je suis, etc.,

Le baron de SATGÉ.

Paris, 18 mai 1826.

AU ROI CHARLES X.

SIRE,

Vos ministres vous auraient-ils conseillé de ne pas me payer? Ce serait trop maladroit de leur part. Ils peuvent se flatter de vous tromper, de tenter de vous brouiller avec les Français, de vous faire partager leur impopularité; mais ils ne se flatteront pas de vous influer au point de vous faire méconnaître mes services; ils auront peut-être préféré vous cacher mes réclamations. C'est dans cette supposition que j'aurais recours à la voie de l'impression.

Votre Majesté ne sera pas étonnée que Louis XVIII m'ait accordé trois cent mille francs pour tant de services, puisqu'il donna le château de *Saint-Ouen* et quelques millions à Mme *du Cayla*, pour parfumer à sa fantaisie quelques prises de tabac.

Qu'avait fait M. de Serre pour donner à sa veuve vingt mille francs de pension? Il avait rempli des charges très-lucratives, et trouvé *saine* l'assemblée qui tua votre frère. Qu'avait fait le duc d'Albuféra, riche de plusieurs millions, pour donner quinze mille francs de pension à sa femme? Il s'était battu une vingtaine d'années contre vous. Qu'ont fait tant d'autres pour être si bien gratifiés? Ils ont signé l'acte qui vous bannit à perpétuité. Qu'a fait Corbière à la même époque? Il traitait les Bourbons *de race abâtardie qu'il fallait sacrifier*, et ce pour encourager les fédérés de Rennes. Qu'a fait le plus hypocrite et le plus lâche de tous les hommes pour être comblé de richesses et de puissance? Je frémis d'y penser.

Et moi, malheureux! moi qui vous ai averti de tout cela, et par écrit et de vive voix; moi, qui vous ai rendu mille services, qui vous ai sacrifié mon bien, mon sang, ma vie, ma famille, je suis délaissé et abandonné. Il y a plus, je suis opprimé, persécuté, volé et assassiné par vos ministres. Il me semble que Votre Majesté ne devrait pas seulement les chasser, mais faire éclater sur leurs têtes les foudres de la justice.

Sire, je ne vous dis pas seulement ce que vous avez à faire, je vous l'indique. La France entière craint vos égaremens; et comment ne pas vous égarer dans une route si mal tracée et toute remplie de fausses indications?

Votre Majesté n'oubliera pas qu'un roi n'a qu'un poste à garder, c'est celui de l'honneur; qu'il paraît quitter ce poste quand il prend pour ministres des hommes qui n'en ont pas. Quoique le prince soit inviolable aux yeux de la loi, le peuple n'en regarde pas moins les fautes de ses ministres infidèles comme les siennes propres.

Je suis, etc.,

Le baron de Satgé.

Paris, 20 mai 1826.

AU ROI CHARLES X.

Sire,

J'attends une réponse de Votre Majesté, et je l'attends avec l'impatience d'un homme torturé par l'injustice la plus affreuse. Pouvez-vous, après avoir lu mes lettres et l'état de mes services, douter un instant que je n'aie mille fois raison? Vous ne le pouvez pas sans trahir votre conscience. Dès lors vous devez, dans l'intérêt de votre justice, faire droit à mes justes réclamations.

Mais pour cela écartez, je vous prie, vos perfides conseillers; ne prêtez plus l'oreille à leurs rapports mensongers. Ma conduite est non seulement exempte de reproches, mais digne d'éloges aux yeux de ceux qui la voient sans prévention.

Je puis donc me plaindre avec raison et parler sans crainte : vous ne souffrirez pas qu'on m'assassine une seconde fois. *La légitimité qui protège*, a dit M. Hyde de Neuville, *vient du ciel; mais celle qui laisse égorger vient de l'enfer*. Du reste, je ne vous dis pas d'être généreux, je ne vous demande que d'être juste.

Je suis, etc.,

Le baron de Satgé.

Paris, 21 mai 1826.

Je passe sous silence toutes les lettres écrites à Louis XVIII, que je crois trop fortes de raison et d'expression; je ne les publierai qu'à la dernière extrémité.

A M. LE DUC DE LA CHATRE,

Premier gentilhomme de la chambre du Roi.

Monsieur le duc,

Trompé par les ministres, je doute que le Roi tienne ce qu'il a promis; cependant je ne puis croire qu'il s'oublie à ce point; il ne saurait manquer de reconnaissance, sentiment que la nature grave dans les cœurs les plus ordinaires : veuillez je vous prie lui rappeler sa promesse.

Quant aux dix mille exemplaires de la brochure du général Dumouriez, nous les aurons demain si vous voulez; mais il faut que les trois cent mille francs soient déposés chez vous, comme il est convenu. Sans cela l'écrit paraîtra, et alors je serais forcé de faire connaître l'avis imprimé, et toutes les lettres que j'ai adressées à Sa Majesté pour justifier de ma conduite; alors les tribunaux devraient s'en occuper, et le scandale serait immense.

Pour ce qui m'est personnel, je suis à l'abri de tout reproche : franc, sincère, loyal et ami de la vérité, je la dirais tout entière; les esprits droits et les cœurs bien faits me rendront justice. J'attends dans la journée une réponse de votre part.

J'ai l'honneur d'être, etc.,

Le baron de Satgé.

Paris, 13 septembre 1823.

A S. Ex. LE MINISTRE DE LA MAISON DU ROI.

MONSEIGNEUR,

Pour mille services, dont quelques-uns sont consignés dans l'imprimé ci-joint, Louis XVIII m'avait accordé une somme de trois cent mille francs, qui fait la moitié de mes pertes et de mes sacrifices. Je préférai un bien qui me fut promis, et n'a pu m'être cédé.

Aujourd'hui je réclame la même somme, et ci-joint cópie de la lettre de M. le duc de la Châtre par laquelle vous verrez que ce que j'avance est l'exacte vérité.

J'ai l'honneur d'être, etc.

Le baron de SATGÉ.

Paris, 14 juin 1825.

AU MÊME.

MONSEIGNEUR,

J'ai fait connaître à M. le duc d'Aumont, premier gentilhomme de la chambre, quels sont les auteurs de la brochure dont j'ai empêché la publication par tous les moyens possibles. Pour moi personnellement, il valait mieux qu'elle fût publiée ; on y aurait reconnu à plusieurs traits le général Dumouriez et madame de Beauvert qui vivait dans son intimité.

Le général y laissait parler son mécontentement de ce que Louis XVIII avait méconnu ses services, et surtout celui d'avoir sauvé *Madame*, duchesse d'Angoulême. Madame de Beauvert partageait son ressentiment et faisait éclater sa malice avec cet esprit caustique que Rivarol son frère croyait supérieur au sien.

J'avais juré à cette dame de ne pas la dévoiler, et pour ne point trahir mon serment, je laissais tomber tout l'odieux sur M. de Mez...., son dépositaire. Cet homme n'était visible pour moi qu'au jardin du Luxembourg, ou à celui des Tuileries ; et il prenait les plus grandes précautions contre tous les genres d'attaque.

Maintenant que madame de Beauvert est morte et que vous savez tout, supposez-vous à ma place, et voyez si l'aigreur n'entre pas naturellement dans le cœur d'un père de famille qui a tout sacrifié pour la cause qui triomphe, et peut-être par mes efforts itératifs. Si de plus amples éclaircissemens étaient nécessaires, je pourrais en donner.

J'ai l'honneur d'être, etc.

Le baron de Satgé.

Paris, ce 11 décembre 1825.

———

A M. DELAVAU,

Préfet de police.

Monsieur le préfet,

J'ai l'honneur de vous informer qu'un individu se disant attaché à la police, se permit hier, à quatre heures du soir, de violer mon domicile et celui de mes enfans ; qu'il profita du moment de notre dîner pour venir fouiller dans nos appartemens.

Le maître de la maison a cru devoir le lui permettre, et sur mes repoches il a répondu qu'il était pardonnable en ce que, ayant habité jusqu'ici la campagne, il connaissait très-peu son nouvel état. Sa simplicité est telle qu'il a cru même pouvoir assister dans ses recherches l'homme dont je me plains.

J'aime à croire, monsieur le préfet, que vous êtes étranger à cette violation des lois, et que vous donnerez des ordres pour qu'elles soient désormais plus respectées.

Agréez, etc.

Le baron de SATGÉ.

Paris, 6 septembre 1825.

———

A M. LE DUC D'AUMONT,

Premier gentilhomme de la chambre.

MONSIEUR LE DUC,

Je croyais que l'imprimé ci-joint, dans lequel je me borne à rappeler mes services et mes souffrances, serait plus que suffisant ponr éclairer la justice de Sa Majesté. Je vois que non par le refus de payer ce que Louis XVIII m'avait accordé. Que les ministres ne se fassent pas un mérite des persécutions qu'ils exercent contre moi ; je ne puis les attribuer qu'à leur malveillance, et qu'au besoin qu'ils ont de me noircir pour rendre incroyables les reproches que je puis leur faire.

Quand on suppose qu'un homme a des torts, il y a des tribunaux pour en connaître, au lieu de le faire voler secrètement dans sa chambre et le faire assassiner, lui et ses enfans.

Je vous prie, monsieur le duc, de communiquer cette lettre et l'imprimé qui l'accompagne, à Sa Majesté, afin que justice me soit rendue.

Agréez, etc.

Le baron de SATGÉ.

Paris, 4 novembre 1825.

AU MÊME.

MONSIEUR LE DUC,

J'ai reçu la lettre que vous m'avez fait l'honneur de m'écrire, et dans laquelle vous m'assurez avoir remis au Roi l'état de mes services. Si Sa Majesté daigne en prendre connaissance, je ne doute pas qu'elle ne s'empresse de mettre fin à mes réclamations. Serait-il possible qu'elle ne fût pas attendrie sur le sort d'un homme qui a tout sacrifié pour elle, qui, dans une audience particulière, à dix heures du soir, lui dit de veiller sur le duc de Berri? Et non content de cela, je le lui criai deux fois en sortant de son cabinet.

Sa Majesté n'a pas oublié que quelques jours après l'affreux événement, elle eut la bonté de me saluer de sa voiture, arrêtée près du pavillon Marsan, et avec tant d'affection, que les personnes qui étaient à côté de moi me firent apercevoir de cet honneur insigne.

Il me semble, monsieur le duc, qu'un pareil avertissement, accompagné et suivi de tant d'autres, mérite de fixer l'attention de Sa Majesté. Je suis père , et je proteste que si quelqu'un avait voulu sauver un de mes enfans, je l'aimerais comme moi-même. Ce sentiment, qui est commun chez les hommes les plus ordinaires, ne saurait être étranger au cœur de Sa Majesté.

D'aignez, monsieur le duc, m'honorer de votre intérêt ; il suffira, je pense, pour terminer une affaire qui, publiée, exciterait l'indignation publique contre mes persécuteurs.

J'ai l'honneur d'être , etc. ,

Le baron de Satgé.

Paris, 13 novembre 1825.

A M. FRANCHET,

Directeur de la police.

Monsieur ,

Vous avez dit à mon fils que j'aurais affaire à vous : à cela ne tienne et de la manière que vous voudrez. Vous lui avez inspiré tant de mépris, qu'il s'est borné à lever les épaules ; peut-être a-t-il pensé qu'accoutumé à ce langage avec les postillons qui étaient sous vos ordres, il vous était encore impossible de le changer, même à l'égard des personnes les plus recommandables.

Je souffre quelquefois les injures qui me sont per-
sonnelles, mais jamais qu'on insulte mes enfans. Soyez
fier et arrogant tant que vous voudrez, mais gardez-
vous de m'outrager. Vous m'écrivez que vous aurez
l'honneur de me recevoir le 19. C'était pour me dire
que le fait que je reprochais à M. Joseph de Villèle
était une calomnie. Il est impossible, monsieur, de
concilier ces paroles; car si j'étais un calomniateur, je
ne mériterais pas l'honneur d'être reçu.

Si, au contraire, M. Joseph est coupable d'avoir
donné le plus perfide des conseils, si ma lettre porte
le cachet de l'exacte vérité, si le fait se corrobore par
d'autres témoignages; si au même instant j'en fis part
à un chevalier de Saint-Louis, et celui-ci à un général;
si je l'ai écrit à M. de Châteaubriand dans le temps,
et au Roi dans ma cinquième lettre; si d'ailleurs,
M. Joseph lui-même ne peut le désavouer sans pâlir,
sans rougir, sans se troubler, il faudra bien croire que
j'ai dit vrai; et son silence ne sera à mes yeux que le
signal de la honte et de la confusion.

Je n'ai pas besoin de faire une autre remarque que
tout le monde fera, parce qu'elle tombe sous le bon
sens, parce qu'elle est aussi naturelle que péremptoire.
On jugera facilement que si j'étais capable d'inventer
un affreux mensonge, une atroce calomnie contre quelqu'un, ce ne serait jamais contre l'auteur des plus
beaux certificats qu'il soit possible de produire, ni contre un homme qui ne m'avait fait aucun mal à l'époque
où j'ai communiqué ce fait à M. de Châteaubriand,
comme il conste par l'imprimé que vous avez lu.

Je crois en avoir dit assez pour éclairer, non seulement l'homme qui a une sagacité ordinaire, mais celui qui serait le plus malheureusement organisé. En déplorant votre prévention et votre aveuglement sur mon compte,

Je suis, etc.

Le baron de Satgé.

Paris, 18 février 1821.

—————

AU ROI CHARLES X.

Sire,

La haute sagesse de Votre Majesté a confirmé toutes mes prévisions contre le système d'arbitraire, de corruption et d'ineptie, qu'ont fait peser pendant six ans sur la France, les hommes qui avaient fermé les avenues de votre palais à la sentinelle vigilante qui voulait conserver le duc de Berri, dans des jours de calamité.

Ce n'est pas dans la crainte de perdre le fruit de mes services que je m'adresse de nouveau à mon roi, car ses ministres me rendraient volontiers justice; mais il est toujours doux, pour un bon Français, de remonter

à la source de la munificence royale et des plus sublimes vertus.

Je suis, Sire, de Votre Majesté, le fidèle sujet,

Le baron de SATGÉ.

Paris, ce 1er janvier 1829.